AF233503

VENTE

HOTEL DE BULLION,

GRANDE SALLE,

Les 25, 26 et 27 Octobre 1813, de relevée,

D'une Collection de Tableaux, Dessins, Bronzes, Marbres, Vases de porcelaines étrangères, Bijoux montés de diverses pierres, Mosaïques, et quantité d'autres Objets de curiosité de tout genre.

Les Tableaux, consistant en cent articles environ, des Écoles Flamande et Hollandaise, offriront des morceaux par *Jean Steen, Peter Nefs, Emmanuel Meurend,* les *Vauvermans, Exavery, Van Tol, Beguyn, Momers, Gérard Hontorse, Palamedes, Van Romeyn, Van Goyen,* et autres habiles maîtres. Dans les Bronzes, on remarquera l'Hercule de Farnèse, le Gladiateur combattant, etc. etc.

L'Exposition publique des principaux Objets aura lieu Dimanche 24 et Lundi 25, depuis onze heures jusqu'à quatre.

LA NOTICE SE DISTRIBUE *GRATIS,*

A PARIS,

Chez MM. { Revenaz, Commissaire-Priseur, rue des Vieux-Augustins, N°. 40;

Et Roux, Artiste et Appréciateur d'Objets d'Arts, rue Guénégaud, N°. 19.

1813.

AVIS.

La collection de Tableaux, Bronzes, Marbres, Vases de porcelaines, Mosaïques, Bijoux montés en pierres, et autres Objets de curiosité en tous genres, que nous sommes chargés d'exposer en vente, offrira au public un ensemble et une variété des plus agréables.

Les Tableaux qui forment la majeure partie de cette vente, sont tous flamands et hollandais. Nous en avons fait la notice le plus succintement possible, pour ne pas ennuyer et fatiguer les curieux, ou nous faire soupçonner de détails mensongers ou tout au moins exagérés : nous leur laisserons l'agrément de la surprise. Nous nous sommes donc bornés à une pure et simple désignation des sujets et du nom des maîtres, le plus religieusement possible. Nous osons nous flatter qu'on trouvera dans cette intéressante collection, tout ce que l'école flamande et hollandaise a pu produire de plus agréable et de plus piquant. Le choix et les soins font honneur au goût du propriétaire : ils sont fraîchement bordés, d'une petite dimension, et enfin dans un état à procurer de suite des jouissances aux acquéreurs qui daigneront nous honorer de leur confiance. La vente en sera faite loyalement. Ils pourront acheter avec sûreté. Nos objets ne présenteront pas l'inconvénient des tableaux en mauvais état, dont la vétusté dérobe souvent à l'œil le mieux exercé les ravages du temps. Le tout provenant de l'Etranger.

NOTICE
DE TABLEAUX.

JEAN STEEN.

1 Une riche composition de plus de trente figures, dont les attitudes sont variées avec art et savamment éclairées. Le nom de l'auteur nous dispense de tout éloge.

Par le même.

2 Une scène comique, pleine d'esprit et de gaité.

PETER NEFS.

3 Vue intérieure d'une église de Hollande, enrichie de beaux grouppes de figures distribués savamment sur ses divers plans, par François *FRANC*. Cet ouvrage, d'un ton blond et argentin, peut être considéré comme un des meilleurs de ces deux habiles maîtres.

WINENTS.

4 Un riche paysage, boisé dans sa partie gauche : les premiers plans offrent des terrains sablonneux, ornés de figures par *LINGEL-BACK*. Morceau de choix de ces deux maîtres.

EMMANUEL MEUREND.

5 Vue d'un site de Hollande, où l'on remarque un village qui occupe la partie gauche

du sujet. Le premier plan offre de beaux grouppes de figures et animaux. Tableau d'une riche couleur, d'une précieuse exécution, et du meilleur temps de l'auteur.

Signé REMBRANDT.

6 Un riche paysage savamment éclairé et d'une grande force de couleur, orné de grouppes de figures sur le premier plan.

VAN ROMEYN (*composition de*).

7 Un grouppe d'animaux placés sur un terrain sablonneux.

MENDERHOUT.

8 Deux marines représentant des ports de mer d'Italie. Production capitale et du plus beau faire du maître.

LAASMAN.

9 Le Baptême de l'Eunuque. Ouvrage capital, et de la plus belle exécution de ce maître.

VAN TOL.

10 Un jardinier et une jardinière lavant des légumes. Ouvrage capital et d'un ton argentin.

Par le même (attribué).

11 Un marché aux légumes.

HACKERT.

12 Un paysage pittoresque et de l'effet le plus piquant, avec figures et animaux par *LINGELBACK*.

NAIVEU.

13 Deux scènes intérieures. Ouvrages capi-taux de ce maître, dignes de *MIERIS*.

MOMERS.

14 Un paysage avec ruines d'architecture, grouppes de figures et animaux placés sur le premier plan. (*Imitation de C. DUJARDIN.*)

BRAKEMBURG.

15 Une scène intérieure, pleine de gaîté et de vérité.

LE DUC.

16 Un intérieur représentant des joueurs. — Tableau très-distingué de ce maître.

MOUCHERON.

17 Un grand paysage, orné de beaux group-pes de figures par *LINGELBACK*.

VANDERHAGUE.

18 Un beau paysage savamment éclairé, avec figures et animaux.

BERKEYDEN.

19 Un hiver représentant diverses fabriques et nombre de patineurs.

BEGUYN.

20 Vue d'un site couvert de ruines d'architecture, et une marche d'animaux sur le premier plan.

CORNEILLE DE HARLEM.

21 Une grande composition représentant le
jugement dernier. Ouvrage de première classe
de ce maître.

STORC.

22 Une marine capitale, où se trouvent
quantité de vaisseaux.

POSTE.

23 Un paysage représentant un site des Indes,
avec des figures intéressantes pour le costume
du pays.

VAN KESSEL.

24 Une vue de Hollande, où l'on voit un
canal chargé de barques, figures et animaux.
Ouvrage capital.

PH. VAUVERMANS (*attribué*).

— 25 Un paysage avec figures.

PIERRE VAUVERMANS.

26 Un paysage, dans lequel on distingue
une halte de cavalerie. Riche composition de
ce maître.

Par le même.

27 Un cavalier vu au clair de la lune. Tableau digne de Ph. Vauvermans son frère.

Par le même.

28 Un marché aux chevaux.

GERARD HONTORSE.

29 Un sujet d'histoire. Ouvrage capital et du plus beau faire du maître.

SOLMAKER.

30 Un paysage avec fabriques, figures et animaux.

Par le même.

31 Un paysage avec figures et animaux.

POELENBURG (*attribué*).

32 Un paysage avec ruines d'architecture, avec figures, représentant le sujet de Pan et de Sirinx.

CLAUDE LORAIN (*attribué*).

33 Une marine, clair de lune; l'on remarque à gauche du sujet des fabriques; les premiers plans offrent des barques chargées de figures et animaux.

SACLEVEN.

34 Un intérieur, représentant figures et animaux. (*Imitation de* TENIERS.)

VICTORS.

35 Une famille entière, peinte dans un beau paysage.

ZEMAN.

36 Une marine chargée de riches détails, et quantité de figures.

VAN BERGHEM (*attribué*).

37 Un paysage et animaux.

MOLNAER.

38 Une riche composition, représentant un intérieur de tabagie.

Par le même.

— 39 Un hiver, avec fabriques et figures s'exerçant au patin.

CAMPEUSE.

40 Un paysage d'une bonne couleur, avec figures et animaux.

VINTRIGUA.

41 Une précieuse marine, représentant un combat naval.

CALF.

42 Un laboratoire de chimie.

MIERIS.

43 Un portrait de femme, vue à mi-corps, portant un petit chien sur la main.

Par le même (attribué).

44 Un intérieur représentant trois artistes hollandais.

STOOP.

45 Un paysage où l'on distingue sur le premier plan un grouppe de cavalerie.

Par le même.

46 Un sujet du même genre. Morceau de choix de ce maître.

CLOMP.

47 Un paysage, figures et animaux.

ISAIE VANDEVELDE.

48 Un hiver, représentant des patineurs formant divers grouppes sur une grande étendue de glace.

GUILLAUME VANDEVELDE (*attribué.*)

49 Une marine avec quelques bâtimens chargés de passagers.

Signé **VANDEVELDE.**

50 Un Paysage avec figures et chevaux.

PYNAKER (*attribué*).

51 Un grand et beau paysage, traversé d'un pont.

VENINX (*attribué*).

Un sujet de fruits et un lièvre mort, et autres objets.

VITOSÉ.

52 Une belle étude de plantes, de fleurs et animaux, et reptiles.

MONTBELIARD.

53 Vue d'une place de Rome, avec quantité de figures et animaux.

OMEGANCH (*attribué.*)

54 Un groupe de deux moutons et une chèvre, placé dans un paysage.

JACQUES RUISDAEL (*attribué*).

55 Un paysage avec figures et animaux.

DENNER.

56 L'intérieur d'une académie, dans laquelle on distingue la tête de Sénèque et autres.

VAN LEQUE.

57 Un intérieur d'église, avec figures *par* BERKEYDEN.

PIETRE DE BLOUTÉ.

58 Un paysage, avec figures et animaux.

PALAMÈDES.

59 Un intérieur, représentant des fumeurs.

PAUL POTTER (*attribué*).

6o Un paysage, avec deux bœufs sur le premier plan.

61 *Une bonne copie d'après le même, d'après son chef-d'œuvre qui est au Musée Napoléon.*

BRUKLEMCAMP.

62 Une dévideuse, placée dans un intérieur.

BACHELIÉ.

63 Un bouquet de fleurs.

OVATTER.

64 deux vues de Hollande, l'une représentant une place publique, et l'autre une ville traversée d'un canal. Superbes. (*Imitation de VENDER HAYDEN.*)

Par le même.

65 Deux précieuses vues, même genre que les précédentes.

MANS.

66 Une jolie marine chargée de barques, et avec figures.

VERDONC.

67 Deux paysages traversés d'une rivière, avec figures et animaux.

MIREVELT.

68 Un portrait d'homme vu à mi-corps.

BERKEYDEN.

69 Un hiver, avec fabriques et patineurs.

ABRAHAM TENIERS.

70 Une diseuse de bonne aventure.

Par le même.

71 Un intérieur de cuisine.

VAN GOYEN.

72 Une campagne où se trouvent une ferme et divers grouppes de figures et animaux.

EXAVERY.

73 Un paysage dans un site agreste, avec grouppe d'animaux couchés et debout.

Par le même.

74 Deux sujets de fruits et de fleurs, avec bas-reliefs.

GERARD DOU.

75 Une vieille femme qui nous paraît être la mère de cet artiste. Ouvrage peint dans sa jeunesse.

Par le même.

76 Une allégorie de la mort. Tableau d'un grand effet de lumière.

SENAVE.

77 Deux intérieurs représentant des maîtresses d'école.

VERENDAL.

78 Un sujet de fruits et fleurs.

Ecole de DELORME

79 Vue intérieure d'une église de Hollande, avec figures.

MAUPERCHÉ.

80 Un paysage, avec figures et animaux.

VANDER POL.

81 Un sujet d'incendie de nuit.

Par le même.

82 Même sujet que le précédent. Joli échantillon de ce maître.

TILBORG.

83 Une très-vaste et très-ingénieuse composition représentant la Tour de Babel et les malheur et bonheur de la vie humaine.

Par le même.

84 Un intérieur de corps-de-garde.

FRANÇOIS FRANC.

85 Une vue intérieure d'un cabinet de tableaux.

DEVRIES.

86 Un paysage traversé d'un pont et d'une rivière. Tableau très-fin.

JEAN DE HEEM.

87 Un homard et divers vases remplis de fruits, posés su une table.

DAVID DE HEEM.

88 Deux sujets de fleurs.

JACQUES RUISDAEL (*goût de*).

89 Un paysage orné de figures et animaux.

CORNEILLE DUSSART (*attribué*).

90 Une fête. Riche composition, pleine de gaîté.

VENDER-VERF (*attribué*).

91 Une descente de croix, d'un ton blond et lumineux.

PAUL BRIL.

92 Un paysage traversé d'une rivière et avec figures du *CARRACHE*.

VAN BESTRE.

93 Vue d'une place publique, représentant

un charlatan entouré d'un grand nombre de personnages.

HOOGUE.

94 Un paysage de la plus grande finesse, traversé d'une rivière : la droite offre des ruines d'architecture, et divers grouppes de figures et animaux sur le premier plan.

T. B. 1626.

95 Un superbe bouquet de fleurs, contenu dans un vase de verre, placé sur l'appui d'une niche ; quelques fruits et nombre de papillons et autres insectes ajoutent à la richesse de cet ouvrage, que nous regardons comme un chef-d'œuvre pour le temps qui l'a produit.

GRIEF.

96 Deux sujets représentant des chasseurs au repos, avec leurs chiens.

VENDER HAYDEN (*attribué*).

97 Vue d'un ancien château de la Hollande.

Attribué à BOTH, d'Italie.

98 Un paysage avec figures et animaux.

VENDER AST.

99 Un sujet de fruits, fleurs et coquilles.

THEODOR ROMBOUTS.

100 Un paysage avec fabrique et figures.

BRONZES.

101 L'Hercule de Farnèze, d'après l'antique, de 30 pouces de proportion, d'une belle fonte et d'une précieuse ciselure.

102 Le Gladiateur combattant, d'après l'antique, de 24 pouces de proportion, d'une belle fonte et bien réparé.

103 Le même, aussi de bronze, de 12 pouces de proportion.

MARBRES.

104 L'Amour endormi sur son carquois.

105 Un buste de la Vénus de Médicis, d'après l'antique.

106 Trois vases du Japon, de grande forme et d'une belle qualité.

107 Nous vendrons sous ce numéro tous les objets de curiosité de tous genres, ainsi que les tableaux que l'espace de temps ne nous a pas permis de noticer. Les connaisseurs y trouveront des objets dignes de leur attention.

DELAGUETTE, Imprimeur, rue Saint-Merry, N°. 22.